Martin Völkening

Illustrationen Inhalt: Andrea Dierks
Illustration Umschlag: Barbara Hömberg

Spielereihe
Meine stärksten...

Meine stärksten kooperativen Spiele

Zusammenarbeitsspiele für jede und jeden

***rex** verlag luzern*
AA-Verlag für Pädagogik

Bibliografische Information Der Deutschen Bibliothek
Die Deutsche Bibliothek verzeichnet diese Publikation in der deutschen Nationalbibliografie; detaillierte bibliografische Angaben sind im Internet über www.dnb.de abrufbar.

Herstellung: Memminger MedienCentrum, Memmingen
Gestaltung: Heike Bauer Grafik & DTP, Köln

ISBN 3-7252-0776-3

Inhalt

Vorwort

Ich freue mich, daß Sie sich etwas Zeit nehmen, um dieses Vorwort zu lesen.

In dieser Publikation sind drei verschiedene Spielkategorien vertreten. Erstens die „Kooperativen Spiele", zweitens die „Initiativspiele" und zu guter Letzt die „Vertrauensspiele". Alle drei Kategorien besitzen kooperativen Charakter. Die im ersten Teil vorgestellten Spiele dienen zum „Warmwerden" und helfen den Spielern, sich aus dem Konkurrenzdenken zu lösen.

Die darauf folgenden Initiativspiele stellen die Spieler vor eine scheinbar „schwierige" Aufgabe, die dann gemeinsam in der Gruppe gelöst werden soll. Dies kann zum Beispiel die Überquerung eines Baches mit nur wenigen, festgelegten Hilfsmitteln sein. Die Initiativspiele gehören zu dem Teil der Erlebnispädagogik, der auf besondere Kenntnisse oder Materialien verzichtet und deshalb von jedem durchgeführt werden kann.

Die Vertrauensspiele, am Ende des Buches, verdeutlichen die Abhängigkeiten untereinander und benötigen ein gesichertes Vertrauensverhältnis in der Gruppe.

Die Ideen und Spiele sind größtenteils nicht neu, jedoch wurden sie anders gewichtet, erweitert und in dieser Sammlung zusammengestellt.

Ich wünsche Ihnen viel Vergnügen bei der Lektüre und viel Spaß beim Ausprobieren.

Martin Völkening

Tipps für Spielleiter/-innen

Die folgenden Tipps sollen Ihnen helfen, die Spiele richtig einzusetzen und mit Erfolg durchzuführen. Eine Reflexion des eigenen Verhaltens unter Berücksichtigung dieser Tipps gehört zu den Aufgaben eines guten Spielleiters.

Der Weg ist das Ziel!

Gerade bei den kooperativen Spielen ist es wichtig eine Entwicklung innerhalb der Gruppe anzuregen. Die Beschäftigung der Gruppe mit der Problemstellung und deren Lösung ist das Wichtigste an den kooperativen Spielen. Dabei spielt es jedoch nur eine sehr kleine Rolle ob die Gruppe das Ziel erreicht und wie schnell oder gut sie das tut. Der Erfolg des Spieles liegt im angeregten Gruppenprozeß und nicht im Erreichen des Ziels.

Der Spielleiter ist nicht Teil der Gruppe!

Die Aufgaben des Spielleiters sind die Erklärung der Aufgabe, die Überwachung der Spielregeln und der Sicherheitsaspekte. Es ist nicht Aufgabe des Spielleiters sich aktiv in die Problemlösung einzumischen! Auch wenn der Spielleiter merkt, daß die Gruppe mit der Problemlösung nicht weiterkommt oder auf dem Holzweg ist, darf sich der Spielleiter nicht einmischen! Eine Einmischung des Spielleiters wird die Gruppe immer als störend empfinden und dadurch wird der Erfolg der Gruppe geschmälert.

Hat die Gruppe die Aufgabenstellung innerhalb der festgesetzten Zeit nicht geschafft, so sollte der Spielleiter ein anderes Spiel „auf Lager" haben. Dieses Spiel, das eine neue Herausforderung beinhaltet, ist die Konsequenz des Versagens. Dabei ist natürlich darauf zu achten, daß die Gruppe nicht mit für sie unlösbaren Problemen konfrontiert wird und dann verzagt.

Atmosphäre leistet einen wichtigen Beitrag zum Gelingen des Spiels!

Die passende Atmosphäre ist ganz wichtig für das Erlebnis „Spiel". Die Teilnehmer werden eine Spielaktion als viel abenteuerlicher empfinden, wenn das „Drumherum" stimmt. Ein Spielabenteuer wie „Auf den Spuren des kleinen Hobbits" eignet sich nicht für den betonierten Schulhof oder den Großstadtdschungel. Statt dessen bietet sich ein Wald an und die Teilnehmer sollten sich entsprechend schminken und verkleiden. Der betonierte Schulhof oder die Turnhalle kann hingegen für Wüstenthemen oder triste Marslandschaften Verwendung finden und der Großstadtdschungel für Science-Fiction-Themen. Schminken, Verkleiden und entsprechende Requisiten erleichtern den Spielern, sich in ungewohnte Rollen einzufinden.

Die Spielregeln sind einzuhalten!

Eine Aufgabe stellt eine um so größere Herausforderung dar, wenn deutlich ist, daß die Regeln klar festgelegt sind und daß deren Übertretung Konsequenzen hat. Ist z.B. absolutes Schweigen vereinbart, so sollte der Spielleiter nicht zögern bei Nichtbeachtung das Spiel sofort zu beenden und die Gruppe zu „bestrafen". Als Strafe sollte der Spielleiter ein weiteres Spiel bereit haben, das eine erneute Herausforderung darstellt. Brechen die Spieler also das Schweigegebot im verbotenen Land, werden sie gefangengenommen und können sich nur durch den „Eiertest" wieder befreien.

Unterschätzen Sie die Teilnehmer nicht!

Die meisten Spielleiter unterschätzen die Fähigkeiten und den Einfallsreichtum ihrer Teilnehmer ganz erheblich. Die Teilnehmer können diese aber erst richtig zur Entfaltung bringen, wenn eine wirkliche Herausforderung gestellt worden ist! Durch zu lasche Aufgabenstellungen wird ein Gruppenprozeß nicht angeregt und der eigentliche Sinn des Spieles geht verloren. Als Faustregel hat sich folgendes bewährt: Glaubt man die richtige Schwierigkeit gefunden zu haben, so sollte man es noch wesentlich schwerer machen!

Safety first!

Bei den hier vorgestellten Spielen besteht im allgemeinen keinerlei Risiko für Leib und Leben der Teilnehmer. Dennoch steht natürlich der Sicherheitsaspekt immer im Vordergrund. Sicherheit heißt jedoch nicht übertriebenes Sicherheitsdenken, sondern eine gesunde Abwägung zwischen Risiko und Gefahr. Die heutige Gesellschaft tendiert zu sehr übertriebenen Vorstellungen, was die Absicherung aller Lebenslagen angeht. Doch das Leben läßt sich nicht komplett versichern und ein Leben ohne Risiko wäre sicherlich auch nur halb so spannend. Das Entkommen aus der angeblich komplett gesicherten Alltagswelt macht ja gerade den Reiz der Erlebnispädagogik aus.

Kooperative Spiele

Ballon-Jongleure

4-6 Spieler bilden einen Kreis, fassen sich an den Händen und müssen nun gemeinsam versuchen, einen Ballon in der Luft zu halten.

Dieses Spiel wird Gruppen von 4-6 Spielern gespielt. Alle Spieler der Kleingruppe bilden einen Kreis und fassen sich an den Händen. Ihre Aufgabe ist es nun einen aufgeblasenen Luftballon möglichst lange in der Luft zu halten. Sie dürfen sich dabei aber nicht loslassen.

Jede Berührung eines Spielers mit dem Ballon gibt einen Punkt. Sobald der Ballon den Boden berührt oder der Kreis auseinanderbricht, muß von vorne angefangen werden. Die Gruppe kann nun versuchen eigene Rekorde aufzustellen oder die Ergebnisse von anderen Gruppen zu überbieten.

Ort: *Halle, großer Raum, evtl. Wiese*

Spielerzahl: *4-40*

Spieleralter: *ab 10 Jahre*

Material: *Luftballons*

Hinweise: *Das Spiel kann noch in zahlreichen Varianten gespielt werden. Die folgenden zwei mögen als Beispiele dafür dienen:*

Variante 1: *Nach jeder Bodenberührung dürfen die Spieler ein bestimmtes Körperteil nicht mehr einsetzen (z.B. nacheinander Arme, Hände, Kopf, Schultern, Brust, Füße und Beine). Am Ende bleibt dann nur noch Pusten als Möglichkeit übrig.*

Variante 2: *Ein Spieler gibt jeweils das Kommando mit welchem Körperteil der Ballon bis zum nächsten Kommando ausschließlich berührt werden darf. Ruft er z.B. „Beine", darf der Ballon nur noch mit den Beinen gekickt werden, bis jemand ein neues Kommando gibt.*

Blinde Figuren

Die Spieler müssen versuchen mittels eines Seils „blind" zusammen ein Quadrat oder eine andere geometrische Figur zu bauen.

Allen Spielern werden die Augen verbunden und das Seil wird lang auf den Boden gelegt, die „Blinden" zu dem Seil geführt und entlang des Seils gleichmäßig verteilt.

Die Spieler fassen das Seil an, um ständig Kontakt zu ihm zu haben. Sie haben die Aufgabe, ein Quadrat zu bilden, wobei das Seil straff gespannt sein muß.

Nach dem Quadrat können auch andere Figuren wie ein Kreis, ein gleichseitiges Dreieck oder ein Fünfeck gebildet werden.

Ort: *freie Fläche*

Spielerzahl: *6-15*

Spieleralter: *ab 12 Jahre*

Material: *Seil (20 m), Augenbinden*

Hinweise: *Sollte es der Gruppe nicht gelingen, die gewünschte Figur zu formen, so kann der Spielleiter einem der Spieler erlauben, das Seil loszulassen und die momentane Form abzugehen.*

Blindenfußball

Die Mitspieler spielen in Paaren Fußball. Der eine Partner ist dabei „blind", und nur er darf Tore schießen!

Dieses Spiel wird mit zwei Mannschaften und einem Schiedsrichter gespielt.

Es wird in einem klar abgegrenzten Spielfeld gespielt. Zwei gegenüberliegende Seiten des Spielfeldes bilden die Torlinien und die anderen beiden die Seitenlinien.

Die Spieler werden auf zwei gleich große Mannschaften verteilt, wobei jede Mannschaft eine gerade Zahl von Spielern haben muß. Je zwei Spieler in einer Mannschaft bilden ein Spielerpaar, wobei einer von beiden die Augen verbunden bekommt.

Die beiden Teams begeben sich an die beiden Torlinien und stellen sich dort auf. Ziel des Spieles ist es, einen Ball über die gegnerische Torlinie zu schießen, dabei gelten jedoch die folgenden Regeln:

- *Der Schiedsrichter wirft beide Bälle zum Beginn des Spieles beliebig auf das Spielfeld.*
- *Nur die „blinden" Spielern dürfen den Ball berühren. Ihre sehenden Partner weisen Ihnen dazu den Weg.*
- *Die sehenden Spieler dürfen Ihre blinden Partner nicht berühren, sondern nur durch Ihre Stimme leiten.*
- *Es gibt keine Torwarte, denn sie sind überflüssig.*
- *Wird ein Ball über die Seitenlinien gespielt, so wird er vom Schiedsrichter wieder ins Spiel gebracht.*
- *Ein Punkt wurde erzielt, wenn der Ball über die Torlinie gespielt wurde, es gibt also kein festes Tor!*

- *Es ist kein hoher Schuß erlaubt, da keiner weiß, wo er landen wird und die Hälfte der Spieler ihn ja nicht kommen sehen kann! Der Schiedsrichter muß beständig auf diese Regel aufmerksam machen!*
- *Schwere Schuhe dürfen bei diesem Spiel nicht getragen werden.*

Haben die Mannschaften einige Minuten gespielt oder wurde ein Tor erzielt, sollten „Blinde" und „Sehende" die Rollen tauschen.

Ort: *große freie Fläche*

Spielerzahl: *16-40*

Spieleralter: *ab 10 Jahre*

Material: *2 Bälle, Augenbinden*

Hinweise:

Die Spieler sollten vor Spielbeginn und beim Tausch der Augenbinden jeweils einige Minuten Zeit erhalten, sich abzusprechen und sich aneinander zu gewöhnen.

Da es zwei Bälle im Spiel gibt, kann natürlich auch mit jedem der beiden Bälle ein Tor erzielt werden. Bei sehr großen Mannschaften können auch drei Bälle ins Spiel gebracht werden.

Die „blinden" Spieler sollten Ihre „Stoßstangen" ausfahren, so daß nichts passieren kann. Dazu werden die Arme und Hände nach vorne ausgestreckt und zwar so, daß die Handinnenflächen in Höhe des Gesichtes nach vorne weisen. Der Schiedsrichter sollte zwischendurch immer wieder auf diese Schutzmaßnahme aufmerksam machen.

Deckenball

Zwei Teams umfassen je eine Decke und spielen sich damit einen Wasserball gegenseitig zu.

Acht bis zehn Spieler bilden ein Team und verteilen sich um eine robuste Decke, deren Rand sie ergreifen. Es gibt zwei Teams, von denen eines einen Wasserball auf die Decke gelegt bekommt.

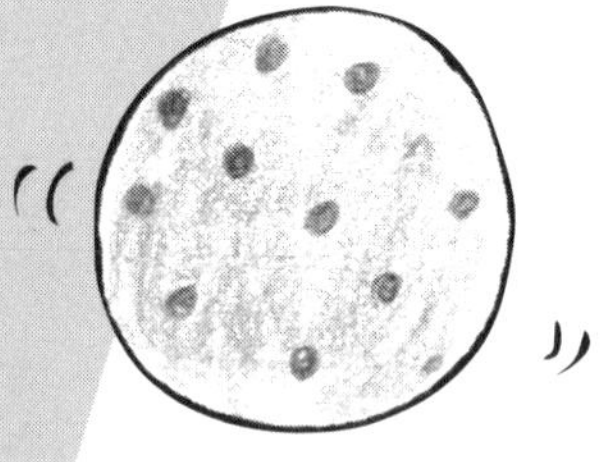

Am Anfang schleudert man den Ball erst einmal senkrecht in die Luft und fängt ihn dann wieder auf. Anschließend wird der Ball am Rande der Decke immer im Kreis herum gerollt.

Dann schleudern die Teams den Ball immer zwischen sich hin und her. Man kann den Ball auch senkrecht nach oben schleudern, dann wegrennen und der anderen Gruppe das Auffangen überlassen.

Variation
Es ist auch möglich, zwei oder mehr Bälle ins Spiel zu bringen.

Ort:	*große freie Fläche*
Spielerzahl:	*16-24*
Spieleralter:	*ab 9 Jahre*
Material:	*Wasserball, 2 Decken*

Der Kreis

Die Spieler bilden einen Kreis und müssen zwei Reifen im Kreis herumwandern lassen.

Die Spieler bilden einen Kreis und fassen sich an den Händen. An zwei Stellen werden dann Reifen in diesen Kreis eingefügt, so daß je zwei Spieler die Reifen mit ihren Händen durchfassen. Die Reifen sind auf diese Weise fester Bestandteil des Kreises.

Die Spieler haben nun die Aufgabe, die beiden Reifen, die unterschiedlicher Farbe sein sollten, einmal im Kreis herum wandern zu lassen. Die Spieler dürfen sich dabei aber nicht loslassen und nur ihre Körper zur Hilfe nehmen.

Ort: *überall*

Spielerzahl: *8-20*

Spieleralter: *ab 10 Jahre*

Material: *zwei Reifen*

Hinweise: *Die Reifen sollten recht groß sein, damit die Spieler mit ihren Körpern durchpassen.*

Der wandernde Luftballon

Ein Luftballon muß mit Hilfe der Füße weitergegeben werden.

Die Spieler setzen sich in zwei Reihen auf den Boden und zwar so, daß zwei Spieler sich jeweils gegenüber sitzen. Die beiden Reihen sitzen so weit auseinander, daß sie sich mit den Fußsohlen berühren können.

Zwischen die Fußsohlen des ersten Spielpaares wird ein aufgeblasener Ballon geklemmt. Der Ballon muß jetzt zum anderen Ende der Reihe wandern, wobei aber nur die Füße benutzt werden dürfen. Am besten geht das barfuß. Fällt der Ballon herunter, so muß wieder von vorne begonnen werden.

Ort: *überall*

Spielerzahl: *8-40*

Spieleralter: *ab 6 Jahre*

Material: *Luftballons*

Die verflixte Fünfzehn

Die Spieler versuchen, einen Ball 15 Mal ungestört untereinander zu spielen.

Die Spieler bilden zwei gleich große Mannschaften, von denen eine den Ball erhält. Die Aufgabe besteht darin, den Ball innerhalb der eigenen Mannschaft 15 Mal ungestört hin- und herzuspielen, wobei die folgenden Bedingungen erfüllt sein müssen:

- *Der Ball darf nicht zum gleichen Spieler zurückgespielt werden.*
- *Die gegnerischen Spieler, außer dem der den Ball hat, dürfen nicht berührt werden.*
- *Wird der ballführende Spieler abgeschlagen so hat er noch 5 Sekunden Zeit den Ball weiterzugeben, bevor der Ball automatisch in den Besitz der anderen Mannschaft wechselt.*
- *Der Ball darf nicht weggerissen oder aus der Hand geschlagen werden.*
- *Jede Ballberührung gibt einen Punkt, und es wird laut mitgezählt.*
- *Nach 15 Punkten, einem unzulässigen Spielzug oder einer erfolgreichen Intervention der Gegner wechselt der Ball die Mannschaft.*

große freie Fläche — ***Ort:***

10-30 — ***Spielerzahl:***

ab 9 Jahre — ***Spieleralter:***

großer Softball — ***Material:***

Gemeinsam schaffen wir es

Jeweils zwei Spieler setzen sich Rücken an Rücken und versuchen, gemeinsam wieder aufzustehen.

Die Spieler setzen sich paarweise Rücken an Rücken auf den Boden, wobei das Gesäß den Boden berührt.

Nun versuchen Sie wieder aufzustehen, ohne den Rückenkontakt zu verlieren. Ist dies geschafft, kann man die Gruppen erst auf vier, dann auf acht und anschließend auf alle Spieler ausdehnen und es erneut versuchen.

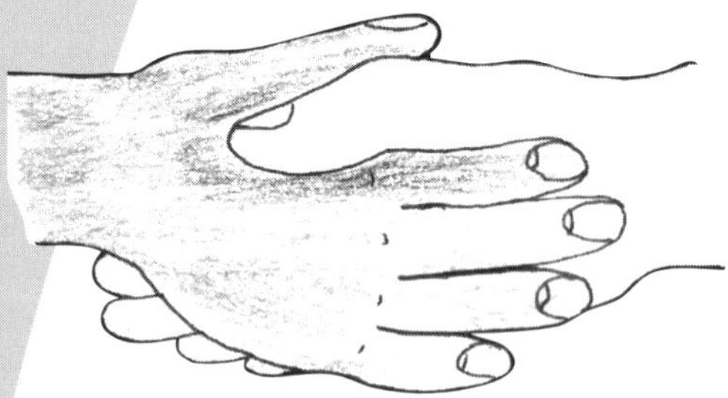

Variante

Die Spieler setzen sich paarweise gegenüber, wobei die Knie gebeugt sind und die Füße sich berühren. Die Partner ziehen sich dann gegenseitig hoch.

Ort: *überall*

Spielerzahl: *2-99*

Spieleralter: *ab 7 Jahre*

Material: *keines*

Gerettet!

Zwei Fänger versuchen möglichst viele Spieler abzuschlagen, die sich aber davor retten können.

Es werden zwei Fänger bestimmt, die durch Mützen oder Tücher gekennzeichnet werden. Die restlichen Spieler versuchen, innerhalb des festgelegten Spielfeldes vor den Fängern zu fliehen.

Die Spieler spielen zwei Bälle hin und her. Solange ein Teilnehmer in Besitz eines Balles ist, kann er nicht abgeschlagen werden.

Wird einer von ihnen von einem Fänger abgeschlagen, tauschen beide die Rollen.

Das Spielfeld sollte nicht zu groß sein, damit die Spieler auf gute Kooperation angewiesen sind.

Ort: *große freie Fläche*

Spielerzahl: *10-30*

Spieleralter: *ab 9 Jahre*

Material: *2 Mützen oder Tücher, 2 Bälle*

Impulse

Ein Händedruck muß möglichst schnell herumgegeben werden.

Die Spieler stellen sich in einem Kreis auf und geben ihren Nachbarn die Hand, so daß der Kreis geschlossen ist.

Der Spielleiter drückt nun seinem rechten Nachbarn die Hand und startet im gleichen Moment die Stoppuhr. Jeder Spieler gibt den Händedruck, sobald er bei ihm angekommen ist, weiter. Der Spielleiter stoppt die Zeit bis der Händedruck wieder bei ihm angekommen ist.

Die Gruppe soll dann überlegen wie man die Zeit noch verbessern kann, bevor der nächste Versuch gestartet wird.

Man kann das Spiel auch variieren und anstatt des Händedrucks einen Pfiff oder ein Hüftwackeln im Kreis rumgeben. Als letzte Variation können sich alle in einem Kreis hinlegen und jeder faßt mit seinen Händen die Füße seines Nebenmannes und nun wird der Hand-Fußdruck weitergegeben.

Ort: *überall*

Spielerzahl: *8-50*

Spieleralter: *ab 8 Jahre*

Material: *Stoppuhr*

Körpersprache

Die Spieler müssen nur mit Hilfe Ihrer Körper versuchen, Worte und Botschaften weiterzugeben.

Dieses Spiel wird in Kleingruppen von 6-8 Personen gespielt.

Jede Gruppe erhält die Aufgabe, ein Wort oder eine Botschaft darzustellen. Dabei können die Gruppen nur ihre eigenen Körper verwenden, das Zeigen der Buchstaben mit den Finger ist nicht erlaubt.

Die Gruppen bekommen einige Minuten Zeit, sich etwas zu überlegen. Fünf Minuten Vorbereitungszeit sind ausreichend und nach Ablauf stellen sich die Gruppen ihre Botschaften gegenseitig vor.

Man kann z.B. jeder Gruppe ein oder auch zwei Worte eines Satzes geben, den alle Gruppen am Ende der Vorstellung gemeinsam zusammensetzen müssen.

Ort: *überall*

Spielerzahl: *10-50*

Spieleralter: *ab 12 Jahre*

Material: *keines*

Hinweise: *Dieses Spiel fördert die Kommunikation, die Entscheidungsfindung und die Kooperation in der Gruppe.*

Magnet

Alle Spieler müssen eine Getränkedose berühren wobei bestimmte Bedingungen erfüllt sein müssen!

Die Spieler erhalten eine leere Getränkedose. Ihre Aufgabe ist es, daß alle die Dose berühren. Dabei gelten die folgenden Bedingungen:

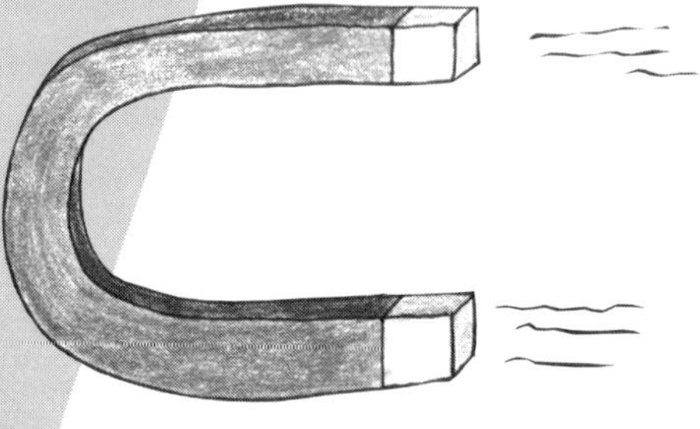

- *Mindestens zwei Spieler müssen die Dose mit der Nase berühren.*
- *Es dürfen nicht mehr als fünf Spieler die Dose mit den Fingern berühren.*
- *Haare oder Haarteile die mehr als 10 cm vom Kopf entfernt sind zählen nicht als Berührung.*

Ort: *überall*

Spielerzahl: *12-18*

Spieleralter: *ab 10 Jahre*

Material: *Getränkedose*

Hinweise: *Dieses Spiel eignet sich sehr gut als Einstieg in eine Reihe von kooperativen Spielen, da es auf sehr einfache Art und Weise zur Zusammenarbeit und Kreativität anregt. Außerdem baut dieses Spiel Berührungsängste ab und bringt die Gruppe näher zusammen.*

Menschenscrabble

Jeder Spieler erhält einen Buchstaben und alle werden dann aufgefordert Worte mit einer bestimmten Buchstabenzahl zu bilden.

Dieses Spiel wird in der Großgruppe und mit einem Schiedsrichter gespielt.

Vor dem Spiel hat der Spielleiter Karteikarten vorbereitet. Auf jede Karteikarte schreibt er einen Buchstaben und zwar sollte jeder Buchstabe einmal und häufig verwendete Buchstaben (z.B. A, E, I, O oder U) sogar mehrmals vertreten sein.

Jeder Mitspieler erhält dann eine Karteikarte. Auf ein Signal des Spielleiters müssen sich dann jeweils vier Spieler zusammenfinden, deren Buchstaben ein Wort ergeben.

Nach Angabe des Spielleiters können statt Wörtern mit vier Buchstaben auch Wörter mit 3, 5 oder 6 Buchstaben gebildet werden.

Ort: *überall*

Spielerzahl: *30-99*

Spieleralter: *ab 10 Jahre*

Material: *Karteikarten, Stift*

Reifenstaffel

Die Spieler bilden zwei Reihen und müssen möglichst schnell versuchen einige Reifen mit Hilfe ihrer Körper zu transportieren.

Dieses Spiel wird mit zwei Gruppen gespielt.

Die Spieler bilden nebeneinander zwei gleichlange Reihen und zwar so, daß jeder Spieler mit der Hand zwischen den Füßen durch eine Hand seines Hintermannes greift. So entsteht eine geschlossene Kette.

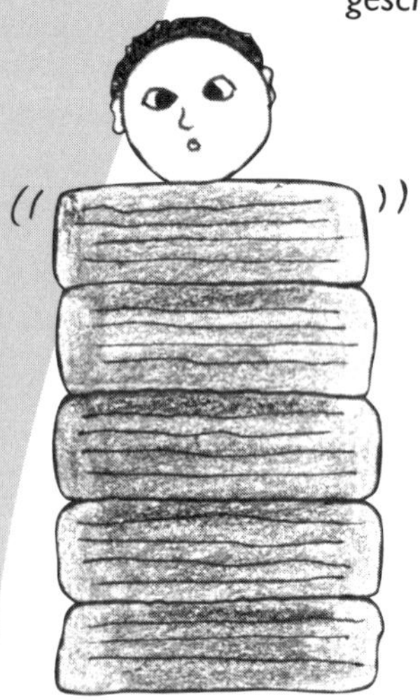

Am Anfang der beiden Reihen steht je ein Spieler mit 3-4 Reifen. Nach dem Startsignal schickt jeder davon einen Reifen auf die Reise. Die Reifen müssen nur mit Hilfe der Körper und ohne die Nachbarn loszulassen zum Ende der Reihe transportiert werden.

Sobald der erste Reifen beim dritten Spieler angekommen ist kann der nächste auf die Reise geschickt werden. Ist der erste Reifen beim letzten Spieler angekommen, rennt dieser mit dem Reifen nach vorne, wird zum ersten Spieler und bringt seinen Reifen auf den Weg nach hinten. Diese Prozedur wird solange wiederholt, bis der alte Frontmann wieder vorne ist.

Ort: *überall*

Spielerzahl: *12-40*

Spieleralter: *ab 9 Jahre*

Material: *acht Reifen*

Hinweise: *Die Reifen sollten recht groß, damit die Spieler mit ihren Körpern durchpassen.*

Rückendeckung

Zwei Spieler stellen sich Rücken an Rücken und bewegen sich vorwärts.

Dieses Spiel wird in Paaren gespielt.

Jeweils zwei gleich lange Spieler stellen sich Rücken an Rücken. Beide gehen gemeinsam los. Einer geht vorwärts, der andere rückwärts. Die Spieler halten Rückenkontakt mit den Schultern und dem Gesäß und versuchen, einen gemeinsamen Rhythmus zu finden.

Wenn sich die beiden eingespielt haben, sollte man auch Hindernisse, wie z.B. eine Treppe oder die Balance auf einem Baumstamm, in den Weg einbauen.

Ort: *überall*

Spielerzahl: *2-50*

Spieleralter: *ab 7 Jahre*

Material: *keines*

Schwereloser Ball

Ein Wasserball muß möglichst lang in der Luft gehalten werden.

Ein Wasserball muß fest aufgeblasen werden. Bei sehr großen Gruppen werden Untergruppen gebildet und mehrere Bälle benutzt.

Die Spielregeln sind sehr einfach und machen damit dieses Spiel so beliebt. Die Spieler müssen den Ball solange als möglich in der Luft halten und dabei folgende Regeln beachten:

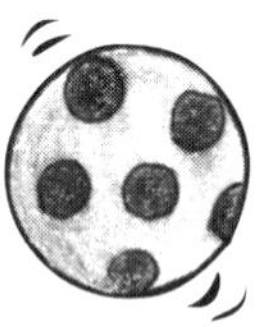

- *Jede Berührung bringt einen Punkt.*
- *Kein Spieler darf den Ball zweimal hintereinander berühren.*

Das waren die gesamten Spielregeln und jetzt gilt es Rekorde aufzustellen.

Man kann das Spiel auch noch schwieriger gestalten, indem jeder den Ball erst wieder berühren darf, wenn alle anderen ihn vorher berührt haben!

Ort: *große freie Fläche*

Spielerzahl: *15-99*

Spieleralter: *ab 10 Jahre*

Material: *Wasserbälle*

Von Kinn zu Kinn

Ein Tennisball wandert ohne Zuhilfenahme der Hände im Kreis der Spieler von Kinn zu Kinn.

Die Spieler bilden einen Kreis und einer klemmt sich den Tennisball unter das Kinn. Er wendet sich dann an einen seiner Nachbarn und reicht den Tennisball an diesen weiter. Während der Tennisball so die Runde macht, müssen aber alle Spieler ihre Hände hinter dem Rücken verschränkt halten, so daß sie nicht zur Hilfe genommen werden können.

Nach der ersten Runde kann man einen zweiten Ball in der entgegengesetzten Richtung auf die Reise schicken.

Ort:	*überall*
Spielerzahl:	*6-20*
Spieleralter:	*ab 7 Jahre*
Material:	*Tennisball*

Tausendfüßlers Erwachen

Eine ganze Gruppe von Spielern verwandelt sich in einen Tausendfüßler.

Es war einmal ein sehr langer und sehr großer „Tausendfüßler". Er lebte in einem fernen Land, in einem tiefen, tiefen Wald und freute sich des Lebens. Er träumte jede Nacht sehr tief und fest und wenn die ersten Sonnenstrahlen ihn morgens kitzelten, lag er stets auf dem Rücken und mußte sich immer einige Zeit bemühen, um auf seine 1000 Füße zu kommen. Ihr glaubt, daß das einfach ist?! Probiert es doch einfach mal aus.

Dazu müßt ihr euch in eine Reihe so eng es geht hintereinander auf den Boden setzen. Jetzt müßt ihr euch gemeinsam drehen, so daß ihr alle auf eure Hände und Füße kommt - und zwar gleichzeitig!

Ein kleiner Tipp: Es klappt nur mit viel Schwung. Zum Schwung holen breitet man die Arme seitwärts aus und bewegt sich im gleichen Takt mehrere Male nach links und rechts.

Am besten macht der Spielleiter das Aufwachen erst einmal mit zwei oder drei Spielern vor. Anschließend fängt man mit Teams von 5 - 7 Leuten an, die man dann vergrößern kann.

Ort: *große freie Fläche*

Spielerzahl: *5-50*

Spieleralter: *ab 9 Jahre*

Material: *keines*

Hinweise: *Geeignet, um die Gruppe sehr rasch aufzulockern und Zusammenarbeit in sinnfälliger Weise deutlich zu machen.*
Das Spiel fordert in besonders intensiver Weise die Koordination zwischen mehreren Spielern. Das Spielziel ist nicht einfach zu erreichen und bedeutet schon eine erhebliche Herausforderung. Man sollte daher erst mit kleineren „Tausendfüßlern" beginnen und sich langsam steigern. Durch die Schwierigkeit der Spielforderung werden die „Tausendfüßler"-Teams in aller Regel gemeinsam Taktiken entwickeln und vereinbaren.
Der Spielleiter sollte bei diesem Spiel selbst Teil des „Tausendfüßlers" werden.

Wasserkreis

Die Spieler haben einen Plastikbecher zwischen die Zähne geklemmt und müssen damit Wasser im Kreis herum reichen.

Die Spieler stehen im Kreis und jeder hat einen leeren Plastikbecher zwischen den Zähnen eingeklemmt. In einem der Plastikbecher befindet sich Wasser.

Die Teilnehmer müssen das Wasser im Kreis herumgeben, ohne ihre Hände zu benutzen (diese sind hinter dem Rücken verschränkt) und etwas zu verlieren.

Bei größeren Kreisen kann man auch mit mehreren gefüllten Bechern beginnen.

Variation

Man kann dem Spiel auch Wettkampfcharakter verleihen, indem man mehrere Kreise gegeneinander antreten läßt, die Zeit stoppt oder aber die beförderte Flüssigkeitsmenge mißt.

Ort: *freie Fläche*

Spielerzahl: *5-40*

Spieleralter: *ab 9 Jahre*

Material: *Wasser, Plastikbecher*

Wellenreiten

Eine gute Alternative das Surfen zu erlernen für den, dem der Weg nach Kalifornien zu weit ist.

Zieht Schmuck und Gürtel mit scharfkantigen Schnallen aus. Dann legt euch alle mit dem Gesicht nach unten in eine Reihe, etwa körperbreit voneinander entfernt. Der erste Wellenreiter kniet am Ende, streckt die Arme nach vorne aus und vertraut sich dem Wasser an.

Jetzt muß sich die Welle in Bewegung setzen. Von vorne nach hinten dreht sich einer nach dem anderen in dieselbe Richtung um, sobald ihn der Wellenreiter erreicht. Wenn ihr euch schön regelmäßig und langsam dreht, werdet ihr ihn sicher sanft zum Strand am Ende der Reihe schaukeln.
Dort angekommen, legt sich der Wellenreiter auf den Boden und wird Teil der Welle, während der nächste am Anfang der Reihe nun seine Wellenreiterkünste zeigen kann.

Ort: *Wiese, Halle*

Spielerzahl: *10-50*

Spieleralter: *ab 9 Jahre*

Material: *keines*

Initiativspiele

Das verbotene Land

Die „Gefährten" werden von den „Sonderlingen" blind und ohne sprachlichen oder körperlichen Kontakt durch ihr Land geführt.

Dieses Spiel wird in zwei Gruppen gespielt. Die eine Gruppe umfaßt - je nach Gesamtspieleranzahl - 2-5 Spieler und die andere alle anderen. Die Gruppe mit den 2-5 Spielern sind die „Sonderlinge" und die anderen die „Gefährten".

Die Spielleitung erklärt sämtlichen Spielern gemeinsam das Problem: „Die Gefährten erreichen nach langem und mühseligem Weg die Grenze zum Land der Sonderlinge. Die Sonderlinge leben einsam und zurückgezogen in ihren Dörfern und erlauben niemandem ihr Land zu durchqueren. Euch gelingt es aber, nach zähen Verhandlungen die Sonderlinge zu überreden, Euch zu führen. Die Sonderlinge stellen dabei die folgenden Bedingungen:

- *Die Gefährten werden mit verbundenen Augen in kleinen Gruppen durch das Gebiet geführt.*
- *Die Gefährten dürfen sich während der Durchquerung nicht verbal untereinander verständigen.*
- *Die Sonderlinge vermeiden jeden sprachlichen und körperlichen Kontakt zu den Gefährten.*

Jeder Bruch dieser Bedingungen, also sprachliche Verständigung oder ein „Spinksen" unter der Augenbinde, führt automatisch zur Gefangennahme der Gruppe. Beide Gruppen erhalten jetzt Zeit sich zu beraten und eine Strategie für die Durchquerung festzulegen. Die beiden Gruppen trennen sich für circa 15 Minuten. Bei jedem Team ist ein Spielleiter, der eventuelle Fragen beantwortet.

Die „Gefährten" müssen klären, wie man sich am besten verhält, wenn sie in der Obhut der Führer sind und welche Mittel der „Kommunikation" ihnen bleiben, um Hinweise oder Botschaften weiterzugeben.

Inzwischen zeigt der Spielleiter den Sonderlingen den Pfad, den sie mit den Gefährten beschreiten sollen. Das heißt es wird festgelegt, welche Hindernisse in welcher Weise überwunden, unterkrochen, umgangen oder auf andere Art und Weise passiert werden sollen. Die Gefährten dürfen den Pfad dabei natürlich nicht sehen. Das Ziel sollte ein möglichst interessanter Ort sein, der in irgendeiner Form in die Spielgeschichte paßt.

Die Führer müssen sich anschließend noch beraten, mit welchen Mitteln sie ihre Gäste führen und auf Gefahren aufmerksam machen wollen. Sprache und körperliche Berührung sind als Mittel ausgeschlossen. Was bleibt, sind vor allem Geräusche und vielleicht noch Berührungen mit Gegenständen wie Stöcken. Der Spielleiter sollte sich so weit wie möglich zurückhalten und ein eigenes System finden lassen.

Nach der Beratungszeit treffen sich alle wieder und die Gefährten teilen sich so in Kleingruppen auf, daß jeweils circa 5 Gefährten von einem Sonderling geführt werden. Die Gefährten bekommen dann die Augen verbunden und die Sonderlinge führen sie in kurzem Abstand den Pfad entlang. Sobald die eigentliche Führung beginnt, muß noch einmal darauf hingewiesen werden, daß nicht gesprochen werden darf und daß ein Verstoß gegen die Regeln sofort zum Spielabbruch führt.

Ort: *überall*

Spielerzahl: *5-20*

Spieleralter: *ab 12 Jahre*

Material: *Augenbinden (eine pro Spieler)*

Das verminte Land

Ein Spieler versucht blind ein mit Tennisbällen vermintes Stück Weg zurückzulegen, während ihn sein Partner vom Rand aus dirigiert.

Dieses Spiel wird paarweise gespielt.

Möglichst viele Tennisbälle werden gleichmäßig auf der Spielfläche verteilt. Bei einem größeren Raum benötigt man einige hundert Bälle.

Einer Person jeden Paares werden die Augen verbunden. Dieser Spieler hat die Aufgabe, nachts (daher die verbundenen Augen) ein vermintes Stück Land zu überqueren. Sein Partner hilft ihm dabei, indem er - von der Seitenlinie des Spielfeldes - Richtungsanweisungen gibt. Ein Spielleiter steht am Rand und stoppt die Zeit, die für die Überquerung benötigt wird. Für jede Berührung mit einer Mine werden am Ende 15 Sekunden addiert.

Um das Spiel noch etwas schwieriger zu gestalten, ist es möglich dem „Blinden" nach 60 Sekunden noch einen Jäger nachzuschicken. Auch der Jäger ist blind und wird von den Anweisungen seines Partners geleitet, seine Aufgabe ist es jedoch den „blinden" Spieler abzuschlagen bevor dieser sein Ziel erreicht. Sollte einer von beiden eine Mine auf dem Weg berühren, muß er zehn Mal seine Füße mit den Fingern berühren, bevor er weitergehen kann.

Ort: *große freie Fläche*

Spielerzahl: *4-30*

Spieleralter: *ab 10 Jahre*

Material: *Tennisbälle (möglichst viele)*

Hinweise: *Für dieses Spiel werden jede Menge Tennisbälle benötigt. Eine gute Möglichkeit, an gebrauchte Tennisbälle heranzukommen, sind Tennisclubs, da diese ihre Bälle bereits nach kurzer Zeit wieder ausmustern.*

Sollten Sie nicht über Tennisbälle verfügen, kann man auch Papierstücke nehmen. jedoch muß man dann genauer aufpassen ob diese berührt wurden, da sie ja nicht wegrollen.

Das verseuchte Land

Die Spieler müssen eine verseuchte Fläche mit Hilfe einiger Tennisbälle überqueren, ohne dabei den Boden zu berühren.

Dieses Spiel kann mit Einzelpersonen oder aber auch mit Paaren gespielt werden.

Jeder Mitspieler erhält vier Tennisbälle und jeder Einzelspieler bzw. jedes Spielerpaar einen Stock von circa 1,8 m Länge.

Aufgabe der Spieler ist es, dann eine Fläche von circa 8 m Breite zu überqueren. Da diese Fläche jedoch verseucht ist, dürfen die Spieler auf keinen Fall mit ihrem Körper den Boden berühren. Als einzige Hilfsmittel sind die Tennisbälle und der Stock erlaubt. Die Tennisbälle sind immun gegen die Verseuchung und können von den Spielern frei plaziert werden. Anfang und Ende der verseuchten Fläche, die am besten asphaltiert sein sollte, werden mit Kreidestrichen oder Seilen markiert. Berührt ein Spieler mit seinem Schuh oder einem beliebigen Körperteil den Boden, so muß er zum Ausgangspunkt zurückkehren.

Ort: *freie Fläche mit festem Untergrund*

Spielerzahl: *1-20*

Spieleralter: *ab 12 Jahre*

Material: *Tennisbälle (vier pro Spieler), stabile Stöcke (einen pro Gruppe)*

Hinweise: *Es ist leichter die Balance auf den Bällen zu halten wenn man sich mit dem Ballen und nicht der Fußspitze auf den Ball stellt. Paare oder auch Dreiergruppen können ihre Stabilität erhöhen, indem sie sich an den Händen fassen.*
Man kann das Spiel etwas schwieriger gestalten, indem man den Stock als Hilfsmittel entfernt.

Das vielgliedrige Monster

Die Gruppe muß eine festgelegte Wegstrecke bewältigen, darf dabei aber immer nur eine bestimmte Anzahl von Gliedern verwenden.

Das Spiel läßt sich am besten an dem folgenden Beispiel erklären:

Eine achtköpfige Gruppe hat die Aufgabe, eine Strecke von zehn Metern zurückzulegen. Dabei dürfen aber zu jedem Zeitpunkt nur fünf Glieder, d.h. Arme oder Beine den Boden berühren. Die Gruppe muß als Ganzes von der Start- bis zur Ziellinie gelangen und alle müssen körperlichen Kontakt zueinander halten.

Man sollte die vorgegebene Gliederzahl ruhig sehr niedrig ansetzen, damit die Aufgabe auch eine Herausforderung darstellt!

Ort: *große freie Fläche*

Spielerzahl: *6-15*

Spieleralter: *ab 10 Jahre*

Material: *keines*

Der Eier-Test

Ein schönes und lustiges Spiel, um das Improvisationsvermögen und die Kooperation einer Gruppe zu stärken.

Dieses Spiel wird in Kleingruppen von 4-5 Spielern gespielt. Jede Kleingruppe erhält die folgenden Materialien:

- *1 rohes Ei,*
- *25 Strohhalme und*
- *1,25 m Klebefilm.*

Die Aufgabe besteht nun darin, das Ei mit diesen Materialien so zu „verpacken", daß es einen Sturz aus 2,5 Metern Höhe unbeschadet übersteht. Dafür dürfen jedoch nur die angegebenen Materialien verwendet werden.

Jede Gruppe erhält für die Konstruktion ihres „Eierrettungssystems" 30-40 Minuten Zeit. Nach dieser Zeit darf am eigentlichen System nicht mehr gebaut werden, die Gruppe hat jetzt nochmals 5-10 Minuten Zeit sich einen Namen und eine gute „Präsentation" für ihr Rettungssystem zu überlegen.

Danach treffen sich alle Kleingruppen und präsentieren gegenseitig ihre „Eierrettungssysteme".

Sollten die Eier den Sturz aus dem Fenster nicht überstehen, so kann man das Spiel wiederholen. Haben die Eier dagegen den Sturz unbeschadet überstanden, so kann man sich an größere Höhen wagen.

Ort: *Haus*

Spielerzahl: *8-20*

Spieleralter: *ab 12 Jahre*

Material: *Eier, Strohhalme, Klebefilm*

Hinweise: *Fallen die Eier auf harten Untergrund, ist es ratsam eine Folie auszubreiten, damit die „Sauerei“ nicht so groß wird. Auf alle Fälle sollten die Eier nicht einfach liegengelassen, sondern entsorgt werden.*

Drüber oder drunter

Die Spieler müssen eine Hindernisstrecke von Schnüren gemeinsam bewältigen.

Im Wald werden zwischen Bäumen mindestens 20 Gummischnüre oder Kordel gespannt und zwar entweder 0,3 m oder 1,2 m hoch. Die Zahl der hoch- oder niedriggespannten Schnüre sollte gleich sein.

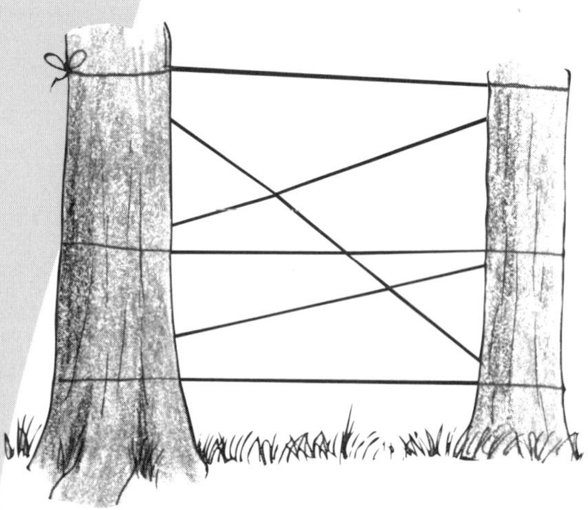

Die Gruppe muß nun diesen Parcour durchlaufen, ohne die Schnüre zu berühren. Jeder Spieler muß vor dem Beginn festlegen, ob er alle Hindernisse über- oder unterquert. Die einmal getroffene Entscheidung darf nicht revidiert werden!

Berührt ein Spieler eine Schnur, so muß er von vorne beginnen. Das Problem ist erst gelöst, wenn die ganze Gruppe den kompletten Kurs erfolgreich bewältigt hat.

Ort: *Wald*

Spielerzahl: *6-20*

Spieleralter: *ab 9 Jahre*

Material: *Kordel oder Gummischnur*

Hinweise: *Man kann das Spiel etwas schwieriger gestalten, indem man einige Teilnehmer „blind" auf den Weg schickt.*

Essen im Baum

Die Teilnehmer müssen eine Mahlzeit auf einem Baum einnehmen.

Für diese Aktion wird ein Baum benötigt, der einige starke Äste in Bodennähe, aber nicht niedriger als 1,5 m, hat. Kastanien eignen sich deshalb sehr gut. Sollte sich ein solcher Baum nicht finden, kann man auch zwei oder drei eng nebeneinander stehende Bäume nehmen. Als zusätzliches Hilfsmittel sollte man dann aber noch ein oder zwei Seile und mehrere Schlingen zur Verfügung stellen.

Die Gruppe hat die Aufgabe, die Mahlzeit gemeinsam im Baum einzunehmen. Während der Mahlzeit darf keiner den Baum verlassen, auch nicht wenn etwas verloren oder vergessen worden ist. Diese Aktion eignet sich sehr gut für kalte Mahlzeiten oder ein Picknick, bei dem das Mahl noch zubereitet werden muß. Es sollten also nicht einfach fertig belegte Brote ausgepackt werden!

Sobald der erste Teilnehmer den Baum verläßt, ist die Mahlzeit beendet!

Ort: Baum

Spielerzahl: 6-15

Spieleralter: ab 9 Jahre

Material: Geschirr, Besteck, Lebensmittel

Ein Loch ist im Eimer

Die Spieler müssen eine Tonne mit zahlreichen Löchern mit Wasser füllen und dabei versuchen die Löcher zu verstopfen.

Dieses Spiel eignet sich für Gruppen bis circa 12 Spieler. Bei größeren Gruppen sollten mehrere Tonnen bereit stehen.

Der Spielleiter präpariert vor dem Spiel die Tonne so, daß pro Mitspieler circa 10 Löcher in der Tonne sind. Die Löcher sollten so positioniert sein, daß sie von den Mitspielern mit ihren Fingern erreicht werden können. Auf der anderen Seite darf es auch nicht zu leicht sein die Löcher zu verstopfen.

Die Spieler haben nun die Aufgabe die Tonne so schnell wie möglich mit Wasser zu füllen. Dafür bekommen sie zwei Eimer zum Wasserholen. Zum Verstopfen der Löcher dürfen die Mitspieler nur ihre Zehen und Finger verwenden und keine anderen Hilfsmittel!

Die Spieler holen mit Hilfe der Eimer das Wasser von einer entfernten Wasserquelle. Diese Quelle kann ein Wasserhahn oder ein See sein. Auf jeden Fall müssen sich die Eimer gut und schnell füllen lassen! Es eignen sich also keine tröpfelnden Rinnsale oder Wasserhähne! Die Entfernung von der Quelle bis zur Tonne bestimmt die Schwierigkeit des Unterfangens.

Ort: *Halle, Wiese*

Spielerzahl: *6-12*

Spieleralter: *ab 10 Jahre*

Material: *Tonne aus Metall, 2 x 10 l Eimer, großer Nagel, Hammer, Wasseranschluß oder See*

Hinweise: *Wird das Spiel mit weniger als 12 Spielern gespielt, so kann man natürlich die Tonne vom letzten Spiel wieder verwenden, indem man eine entsprechende Anzahl von Löchern mit Korken oder Holzstückchen verstopft.*

Das Spiel eignet sich sehr gut für den Sommer, wenn die Spieler mit Badesachen bekleidet die Tonne auf einer Wiese zu füllen versuchen. Anschließend wird es sicherlich zu einer Wasserschlacht kommen.

Gruppenbiwak

Die Spieler bauen mit Hilfe von Planen, Schnur, Isomatten und Schlafsäcken einen Biwakplatz und übernachten dort gemeinsam.

Die Gruppe muß sich der Aufgabe stellen, mit Hilfe der genannten Materialien einen Biwakplatz für die Nacht zu bauen. Wichtig ist hierbei, daß dies kein Einzel- sondern ein Gruppenbiwak werden soll, in dem jeder einen akzeptablen Platz findet.

Bei diesem Initiativspiel muß darauf geachtet werden, daß genügend Zeit eingeplant wird. Ist die Gruppe bereits sehr müde oder dunkelt es schon, wird man sich mit Notlösungen zufrieden geben, und es kommt kein Gruppenprozeß zustande. Bei sehr großen Gruppen sollte man weitere Aufgaben wie z.B. die Essenszubereitung, die Errichtung eines Lagerfeuers oder die Planung des nächsten Tages stellen, damit jeder sich beteiligen kann.

Ort: *Wald*

Spielerzahl: *6-20*

Spieleralter: *ab 12 Jahre*

Material: *einige circa 2x3 m und 3x4 m große Plastikplanen, 2 Rollen Kordel, pro Teilnehmer: Isomatte, Schlafsack, Rucksack, Taschenlampe, warme Kleidung und Essen*

Hoch hinaus

Die Spieler müssen versuchen, an einer Wand oder einem Baum eine Markierung möglichst hoch anzubringen.

Das Spiel wird vor einem Baum oder einer Wand gespielt, wichtig ist, daß der Untergrund weich ist.

Die Gruppe hat die Aufgabe eine Markierung aus Kreide oder Klebeband möglichst weit oben an dem Baum oder der Wand anzubringen. Hierbei müssen folgende Bedingungen beachtet werden:

- *Der Baum oder die Wand darf nicht erklettert werden, sondern darf nur als Hilfsmittel verwendet werden.*
- *Es dürfen niemals mehr als drei Personen übereinander stehen.*

Ort: *Wald oder Wiese*

Spielerzahl: *6-20*

Spieleralter: *ab 10 Jahre*

Material: *Kreide oder Klebeband*

Kettenreaktion

Die rechten Hände aller Spieler werden mit einem Seil zusammengebunden, und so genießen sie ihr Essen.

Die rechten Hände aller Spieler werden im Abstand von circa 40 cm mit einem Seil zusammengeknotet. Die Hände sind wie auf einer Perlenkette zusammengefügt und jede Bewegung ruft eine Kettenreaktion hervor.

Mit diesem Hindernis wird jedes Mahl zu einem echten Erlebnis.

Um das Spiel zu vereinfachen oder zu erschweren, kann man den Abstand zwischen den Händen verkleinern oder vergrößern. Eine weitere Variante ist beide Hände zusammenzubinden.

Ort: *überall*

Spielerzahl: *2-20*

Spieleralter: *ab 12 Jahre*

Material: *Seil oder Schnur, Lebensmittel*

Knäuel

Alle Spieler bilden ein große Amöbe, die eine Hindernisstrecke zurücklegen muß.

Alle Spieler stellen sich dicht zusammen auf einen Fleck. Der Spielleiter bindet dann ein Seil um die ganze Gruppe herum. Das Seil sollte mindestens sechs Mal um die Gruppe geschlungen sein, damit die Gruppe wirklich das Gefühl hat, zusammengebunden zu sein. Das Seil muß straff gezogen sein, darf jedoch Atmung oder Bewegung nicht zu einem Problem werden lassen.

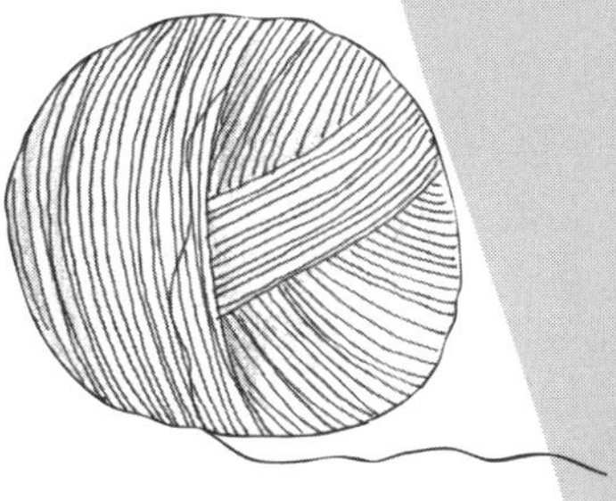

Die Aufgabe ist, eine bestimmte Wegstrecke gemeinsam zurückzulegen. Auf dieser Wegstrecke sollten verschiedene Hindernisse zu überwinden sein, wie z.B. eine Treppe, eine lose Hecke oder eine enge Stelle.

Ort: *überall*

Spielerzahl: *6-20*

Spieleralter: *ab 10 Jahre*

Material: *Seil*

Hinweise: *Man kann dieses Spiel auch noch etwas schwieriger gestalten, indem man die Gruppe die Wegstrecke sitzend beginnen und beenden läßt.*

Das Spiel kann auch als Kennenlernspiel verwendet werden. Die Teilnehmer erhalten dann zusätzlich die Aufgabe, sich während ihres Weges vorzustellen und zu erzählen, was an ihnen ungewöhnlich ist oder worauf sie besonders stolz sind. Die Spieler sollen versuchen, sich möglichst alles zu merken und der Spielleiter zeigt am Ende des Spieles nacheinander auf alle Mitspieler und fragt nach den einzelnen Erzählungen.

Orientierungslos

Die Spieler werden an verschiedenen unbekannten Orten ausgesetzt und müssen zum Ausgangspunkt zurückfinden.

Dieses Spiel wird in Kleingruppen von je 3-4 Personen gespielt. Die Kleingruppen werden mit PKWs oder einem Bus an verschiedene Orte gebracht und dort ausgesetzt. Die Orte sollten nicht mehr als 4-6 km reine Wegstrecke vom Ausgangspunkt entfernt sein und möglichst einsam liegen. Jede Kleingruppe erhält eine Wanderkarte (Maßstab 1:25.000) und einen Rucksack mit etwas Verpflegung und eventuell Regensachen. Um sicher zu gehen, daß die Teilnehmer nicht wissen, wo sie hingebracht werden, kann man ihnen während des Transports die Augen verbinden.

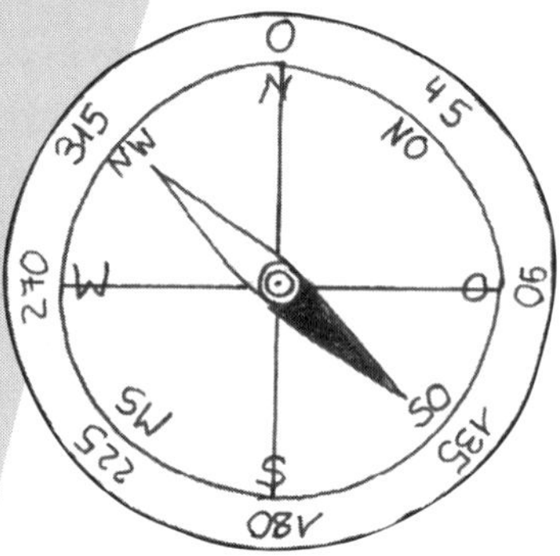

Die Kleingruppen haben nun die Aufgabe, zum Ausgangspunkt zurückzufinden, wobei jedoch keine Straßen benutzt werden dürfen. Die Gruppen sollen sich auch keinesfalls - außer kurzfristig zu Erkundungszwecken - trennen.

Ort: *überall*

Spielerzahl: *8-20*

Spieleralter: *ab 14 Jahre*

Material: *PKW oder Kleinbus, Wanderkarten der Region, evtl. Augenbinden*

Schatzsuche

Die Spieler müssen blind verstreute Gegenstände einsammeln und in der Mitte der Spielfläche ablegen.

Jeder Spieler und auch die Spielleiter erhalten einen Gegenstand, den sie an einen beliebigen Ort der Spielfläche legen. Jedes Teil liegt dabei mindestens 1,5 m von der Spielfeldgrenze entfernt und die Gegenstände sind gleichmäßig auf der Spielfläche verteilt. Sind alle Dinge abgelegt, so wird die Gruppe zusammengerufen und erst dann die eigentliche Aufgabe erklärt.

Die Gruppe hat die Aufgabe, alle Gegenstände wieder einzusammeln und in der Mitte der Spielfläche abzulegen. Da dies ja eigentlich nicht sehr schwierig ist, werden allen Spielern die Augen verbunden und die Aufgabe muß blind gelöst werden.

Bevor die Augen verbunden werden, erhält die Gruppe jedoch einige Minuten Zeit sich zu beraten und eine Strategie festzulegen. Die Spieler dürfen das Spielfeld dabei betreten, jedoch keine Veränderungen oder Markierungen vornehmen.

Die Teilnehmer werden dann mit verbundenen Augen an eine beliebige Stelle am Rand des Spielfeldes geführt. Das Spiel ist beendet, wenn der erste Spieler die Augenbinde abnimmt, die Gruppe das Problem für gelöst hält oder aufgibt.

Ort: *große freie Fläche*

Spielerzahl: *8-20*

Spieleralter: *ab 12 Jahre*

Material: *verschiedene Gegenstände, Augenbinden*

Schweigemarsch

Die Spieler müssen eine bestimmte Wegstrecke gemeinsam schweigend zurücklegen.

Der Spielleiter sucht vorher eine abwechslungsreiche Wegstrecke aus, deren Ziel eindeutig und allen bekannt ist. Der begangene Weg sollte keine eindeutige Wegführung haben und zahlreiche Hindernisse wie umgestürzte Bäume, Schluchten oder Bäche beinhalten.

Die Spieler erhalten die Aufgabe, die Wegstrecke gemeinsam schweigend zurückzulegen. Bevor die Wanderung dann beginnt, sollte man eine kurze Planungszeit von 10-15 Minuten einräumen, damit sich die Gruppe über nonverbale Kommunikation und Entscheidungsfindung verständigen kann. Nach dem Beginn des eigentlichen Spiels darf dann kein einziges Wort mehr gesprochen werden.

Durch das absolute Schweigen während der gesamten Wegstrecke werden alle Sinne der Teilnehmer geschärft und die Umgebung wird bewußter wahrgenommen.

Ort: *überall*

Spielerzahl: *6-20*

Spieleralter: *ab 14 Jahre*

Material: *keines*

Über das Wasser

Die Spieler müssen einen Bach oder Fluß nur mit Hilfe vorgegebener Hilfsmittel überqueren.

Die Spieler stehen mitsamt ihres Materials vor dem Bach oder Fluß, der mindestens 8 m breit sein sollte und weder zu tief noch zu flach sein darf. Ihre Aufgabe besteht nun darin, dieses Wasser sicher und trockenen Fußes zu überqueren.

Für die Überquerung darf nur das genannte Material und alles in der näheren Umgebung befindliche verwendet werden. Am Ende sollen keine Spuren der Überquerung zurückbleiben. Auch die Natur muß unberührt bleiben, d.h. es dürfen keine Bäume gefällt oder beschädigt werden.

Je nach Länge des Anfahrtweges kann man den Transport der notwendigen Materialien mit in die Aufgabe einbeziehen.

Ort: *breiter Bach oder schmaler Fluß*

Spielerzahl: *8-25*

Spieleralter: *ab 10 Jahre*

Material: *3-4 stabile Vierkanthölzer (circa 2,5 m lang), 1-2 stabile Weinkisten, 1 Seil (circa 20 m), Stelzen oder stabile Stöcke*

Vorsicht zerbrechlich!

Ein Spieler wird Transportgut und muß von seinen Mitspielern unter festgelegten Bedingungen eine bestimmte Strecke transportiert werden.

Die Spieler erhalten die Aufgabe, einen ihrer Mitspieler eine bestimmte Strecke zu transportieren. Diese Strecke sollte einige Hindernisse enthalten, die für die ganze Gruppe eine Herausforderung darstellen. Solche Hindernisse können zum Beispiel ein Bach, eine Treppe, eine niedrige Mauer, ein Auto oder eine Tischtennisplatte sein. Während des gesamten Transportvorganges müssen folgende Bedingungen erfüllt sein:

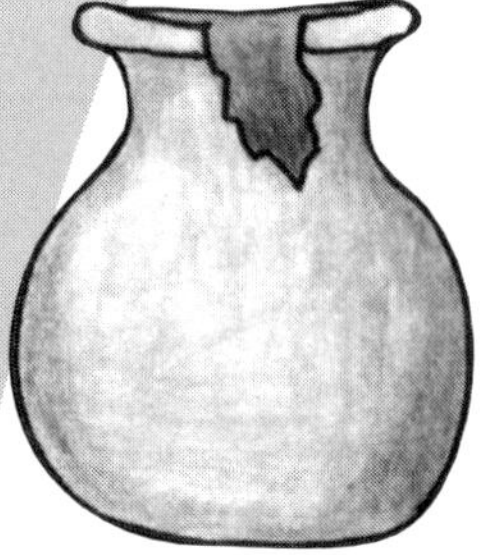

- *Das Transportgut darf weder den Boden noch die Hindernisse berühren.*
- *Die Spieler, die das Transportgut berühren, dürfen ihre Füße nicht bewegen. Nur Spieler ohne körperlichen Kontakt können sich bewegen.*
- *Jedes Gruppenmitglied muß an dem Transport beteiligt sein.*

Ort:	*überall*
Spielerzahl:	*9-20*
Spieleralter:	*ab 12 Jahre*
Material:	*keines*

Zeltbau

Die Spieler bauen blind gemeinsam ein Zelt auf.

Alle Spieler verbinden sich die Augen und verteilen sich paarweise auf einer großen Wiese. Alle Materialien, die für den Zeltbau benötigt werden, sind auf der Wiese verteilt und jeweils ein Spielerpaar steht neben einem Materialhaufen. Bei einem Materialstapel befindet sich außerdem ein außergewöhnlicher Gegenstand wie z.B. ein Gummihuhn, der den Aufbauplatz des Zeltes markiert.

Die Spieler haben nun die Aufgabe, sich am Aufbauplatz des Zeltes zu versammeln, dort gemeinsam blind das Zelt aufzubauen und es mit den Einrichtungsgegenständen zu möblieren. Die Aufgabe gilt als gelöst, sobald sich alle im Zelt versammelt haben und die Gruppe einstimmig der Meinung ist, daß man fertig ist.

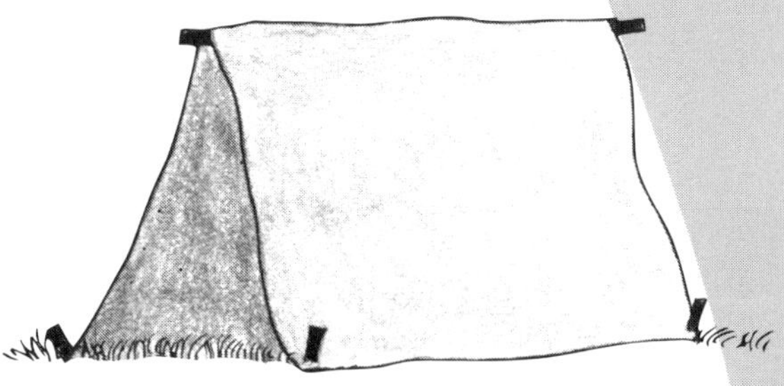

Ort: *große Wiese*

Spielerzahl: *8-20*

Spieleralter: *ab 12 Jahre*

Material: *Gruppenzelt (am besten Rundzelt), Augenbinden, Isomatten, Schlafsäcke o.ä.*

Willy-Willy

Die Gruppe gerät bei einem Spaziergang unerwartet in einen Sandsturm und muß nun „blind" den Weg zum Lager zurückfinden.

Der Spielleiter erzählt der Gruppe nichts von der bevorstehenden Aufgabe sondern geht mit ihnen einfach ein Stückchen spazieren. Ist die Gruppe circa 100-500 m weit von ihrem Haus entfernt, die Entfernung sollte dem Gelände und der Fähigkeit der Gruppe angepaßt sein, erklärt er die Aufgabe:

„Ihr seid bei einer kleinen Expedition durch das australische Outback ganz unerwartet in einen Willy-Willy gekommen. Ein Willy-Willy ist ein ganz schrecklicher Sandsturm, bei dem die Sicht sofort auf Null sinkt. Eure einzige Chance zu überleben besteht nun darin, Schutz in eurem Lager zu finden.

Bitte legt jetzt die Augenbinden an und überlegt euch wie ihr gemeinsam zum Lager zurückfinden wollt. Das Problem ist erst gelöst, wenn alle Spieler das Lager erreicht haben. Dann dürft ihr gemeinsam die Augenbinden abnehmen. Nimmt jemand die Binden bereits vorher ab, so ist das Spiel für ihn beendet."

Ort: *überall*

Spielerzahl: *5-20*

Spieleralter: *ab 14 Jahre*

Material: *Augenbinden (eine pro Spieler)*

Hinweise: *Dieses Spiel eignet sich sehr gut für die Verdeutlichung von Mechanismen zur Entscheidungsfindung. Dazu sollte der Spielleiter den Spielern einige Minuten „Taktikzeit" verordnen, in denen sie gemeinsam überlegen müssen, wie sie ihren Rückweg organisieren. Nach Abschluß des Spieles bietet sich dann eine Reflexion über die Organisation innerhalb der Gruppe, Führungsstile oder auch das Verhalten in Krisensituationen an.*

Das Spiel kann in sehr viele unterschiedliche Spielsituationen übertragen werden. Statt des Sandsturms gerät man z.B. auf die dunkle Seite des Mondes oder es kommt Nebel auf.

Vertrauensspiele

Förderband

Die Spieler bilden zwei gegenüberstehende Reihen und befördern auf ihren ausgestreckten Armen einen Spieler vorwärts.

Die Spieler legen Uhren, Schmuck und andere scharfkantige Dinge von ihren Armen und Händen ab. Dann bilden sie zwei gleichlange Reihen, die sich auf Armesbreite gegenüberstehen. Alle strecken ihre Unterarme nach vorne, wobei neben jedem Arm eines Spielers zwei Arme von Spielern aus der gegenüberliegenden Reihe sind.

Ein Freiwilliger stellt sich an ein Ende der Reihe, nimmt seine Brille ab, sofern er eine trägt und läßt sich vorwärts oder rückwärts auf das Förderband gleiten. Am besten schließt er die Augen, wenn ihn das Förderband unter gelegentlichem Wenden weitertransportiert. Am Ende des Förderbandes sollte ein weiterer Spieler stehen, der das Frachtgut in Empfang nimmt.

Das Frachtgut muß natürlich unter größter Vorsicht transportiert werden, damit es nicht zu Schaden kommt! Am Ende angekommen reiht es sich dann in das Förderband ein und der nächste Spieler macht sich auf die Reise.

Ort:	*überall*
Spielerzahl:	*15-40*
Spieleralter:	*ab 12 Jahre*
Material:	*keines*

Häuptlingstragen

Eine kooperative Abwandlung der Transportmethode von Majestix im Asterix.

Jeder erinnert sich sicher, daß der Häuptling Majestix aus Asterix immer auf seinem Schild durch das Dorf getragen wird. Diese Vertrauensübung ahmt dies nach.
Für das Spiel wird eine Holzplatte von circa 1m Durchmesser und 2 cm Dicke benötigt. Auf dieser Platte müssen in der Mitte zwei starke Schlaufen aus verstärkten Nylonbändern in 45 cm Abstand befestigt sein.

Ein Spieler stellt sich mit gegrätschten Beinen auf die Platte, mit den Füßen in den Schlaufen. Etwa zehn Spieler stellen sich um die Platte, hocken sich daneben und heben sie gleichmäßig hoch. Um das Hochheben zu ermöglichen sollte man die Platte am Anfang auf einige Holzklötzchen stellen.
Der Spieler auf der Platte kann langsam oder schnell gehoben werden. Die Platte kann auch in alle Richtungen gekippt werden, am besten allerdings nach links oder rechts, da die Lage dann am besten stabilisiert werden kann.

Ort: *große freie Fläche*

Spielerzahl: *9-12*

Spieleralter: *ab 12 Jahre*

Material: *Holzplatte, feste Schlaufen*

Jurtenkreis

Ein schönes Spiel das Abhängigkeit voneinander sehr plastisch demonstriert.

Eine gerade Zahl von Mitspielern bildet einen Kreis: Schaut alle in die Mitte, stellt euch fast Schulter an Schulter und faßt euch an den Händen. Dann sagt einer nach dem anderen „Innen", „Außen", „Innen", „Außen" ..., so daß am Ende jeweils ein „Innen" einen „Außen" neben sich hat und umgekehrt.

Nun zählt ihr bis drei und lehnt euch nach innen bzw. außen. Die Füße bleiben fest am Boden und ihr haltet das Gleichgewicht mit den Armen.

Mit ein bißchen Übung könnt ihr erstaunlich weit nach vorne bzw. hinten ohne umzufallen. Wenn eure Jurte stabil steht, könnt ihr bis drei zählen und die Richtung wechseln ohne die Hände loszulassen. So kann eine rhythmische Bewegung entstehen.

Ort:	*große freie Fläche*
Spielerzahl:	*8-20*
Spieleralter:	*ab 12 Jahre*
Material:	*keines*

Menschliche Brücke

Die Mitspieler bilden mit einigen Stangen eine Brücke, die sie nacheinander überqueren müssen.

Die Spieler bilden Paare und jedes Paar erhält eine der Holzstangen, die sie zwischen sich hält. Die Paare stellen sich dicht nebeneinander und bilden auf diese Weise eine Brücke oder Leiter. Die Stangen können auch in unterschiedlichen Höhen gehalten oder es können Hindernisse eingebaut werden.

Ein Spieler klettert nun über diese Brücke. Hat der Kletterer eine Stange passiert, kann das entsprechende Spielerpaar an das andere Ende der Brücke gehen und diese immer wieder verlängern.
Besonders reizvoll ist es, wenn die Brücke auch mal die Richtung wechselt, also nach rechts abbiegt oder aber sogar eine Drehung von 180° durchführt.

Ort: *große freie Fläche*

Spielerzahl: *13-30*

Spieleralter: *ab 10 Jahre*

Material: *6-10 Hartholzstangen (1 m lang & 3-4 cm Durchmesser)*

Hinweise: *Die Stangen sollten auf keinen Fall höher als Schulterhöhe gehalten werden, da sonst die Unfallgefahr zu groß ist.*

Partner-Balance

Zwei Spieler stellen sich einander gegenüber auf, legen die Handflächen aneinander und gehen so weit wie möglich zurück.

Dieses Spiel wird in Paaren gespielt.
Die Partner stellen sich einander gegenüber auf. Ihre Arme sind angewinkelt und ihre Handflächen liegen einander. Die Fußspitzen stehen dicht beieinander.

Beide Spieler gehen jetzt gleichzeitig langsam rückwärts ohne dabei die Hände zu lösen. Die aneinandergelegten Handflächen halten beide im Gleichgewicht, so daß sie sehr weit zurückgehen können.
Haben sie den äußersten Punkt erreicht, so halten sie einen Moment inne und gehen dann langsam wieder aufeinander zu.

Ort: *überall*

Spielerzahl: *2-40*

Spieleralter: *ab 9 Jahre*

Material: *keines*

Hinweise: *Diese Übung sollte einige Male wiederholt werden. Mit wachsenden Vertrauen kann auch der Abstand größer werden.*

Pendel

Ein Spieler macht sich steif und pendelt so zwischen zwei anderen Spielern hin und her.

Variation 1

Jeweils drei Spieler bilden ein Team. Zwei der Spieler stellen sich in kurzem Abstand gegenüber, mit dem Gesicht einander zugewandt. Der dritte Spieler stellt sich zwischen die beiden, legt die Arme an seine Seiten, schließt die Augen und macht sich ganz steif.

Die beiden anderen Spieler halten ihre Arme, mit den Handflächen nach vorne ausgestreckt und setzen ein Bein ein wenig nach vorne.

Der Spieler in der Mitte läßt sich nun steif nach vorne oder hinten fallen, wo er von dem entsprechenden Spieler sanft aufgefangen und in die andere Richtung geschubst wird. So pendelt er zwischen den beiden anderen hin und her.

Am Anfang kann man den Abstand zwischen den beiden Spielern sehr klein halten und im Laufe der Zeit immer weiter vergrößern.

Variation 2

Man kann das oben erklärte Spiel auch in größeren Gruppen von bis zu acht Teilnehmern durchführen. Die Spieler bilden dafür einen engen Kreis und der Fallende stellt sich in dessen Mitte. So pendelt er dann im Kreis hin und her.

Ort: *überall*

Spielerzahl: *3-30*

Spieleralter: *ab 12 Jahre*

Material: *keines*

Über die Köpfe hinweg

Ein Spieler wird über die Köpfe seiner Mitspieler hinweg transportiert.

Die Spieler legen Uhren, Schmuck und andere scharfkantige Dinge von ihren Armen und Händen ab. Nun stellen sie sich in einer Doppelreihe ganz dicht hintereinander auf, wobei alle das Gesicht nach vorne gewandt haben.

Ein Teilnehmer steht am Anfang der Reihe und lehnt sich zurück. Er wird nun von den anderen Spielern emporgehoben und wandert - von möglichst vielen Händen getragen - über die Köpfe der anderen bis zum Ende der Doppelreihe. Dort wird er behutsam wieder heruntergelassen und der nächste macht sich auf die Reise.

Ort:	*überall*
Spielerzahl:	*15-99*
Spieleralter:	*ab 12 Jahre*
Material:	*keines*

Vertrauensfall

Ein Spieler stellt sich auf ein Podest o.ä. und läßt sich rückwärts, steif in die Arme der Mitspieler fallen.

Das wichtigste Material ist ein ca. 1,2 m hoher Tisch, ein Podest, ein Baumstumpf o.ä.. Ein Freiwilliger stellt sich auf das Podest. Alle anderen Spieler bilden zwei Reihen, die sich gegenüberstehen, wobei die Spieler jeweils eng Schulter an Schulter stehen. Die beiden Reihen stehen ca. 60-80 cm weit auseinander.

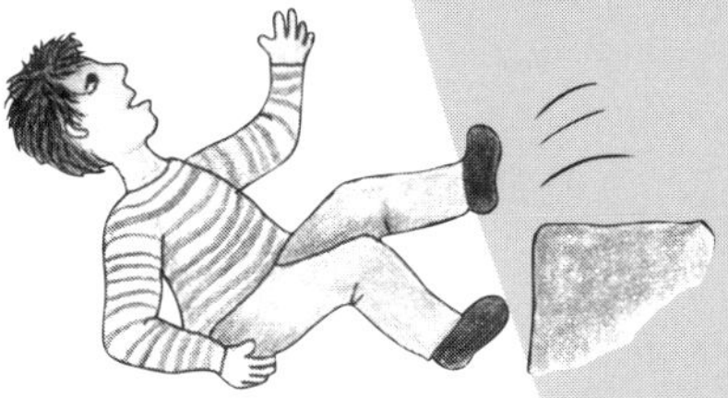

Die erste Person (Person A) streckt seine Arme etwas angewinkelt nach vorn. Der Spieler in der Reihe gegenüber (Person B) streckt dann seinen linken Arm zwischen die Arme von A und den anderen Arm neben den linken Arm von A. Die ausgestreckten Hände reichen jeweils bis zum Ellenbogen. Der Spieler C, der neben A steht, streckt seinen rechten Arm zwischen die Arme von Spieler B und neben den linken Arm von A. Der linke Arm von C wird wieder neben den Armen von B ausgestreckt. So geht das durch die ganze Spielerreihe durch. Der Spieler auf dem Podest steht mit dem Rücken zur Fängerreihe. Ist der Spieler bereit, ruft er „Fertig!". Die Gruppe kontrolliert, ob sie vorbereitet und auch richtig ausgerichtet ist und ruft dann „Bereit!". Nach dieser Meldung ruft der oben stehende Spieler „Ich falle!" und läßt sich steif nach hinten fallen. Um die Fänger nicht zu verletzen, faltet er seine Hände vor dem Bauch zusammen. Der Fallende muß sich ganz ausgestreckt und steif halten. Auf jeden Fall sollte man die stärksten Spieler dort positionieren, wo der Po voraussichtlich landen wird.

Ort: *große freie Fläche*

Spielerzahl: *10-20*

Spieleralter: *ab 13 Jahre*

Material: *Tisch, Podest, Baumstumpf o.ä. (stabil, nicht verrückbar)*

Hinweise: *Man darf diese Vertrauensübung nicht in eine Mutprobe ausarten lassen. Jedem Spieler muß freigestellt sein, ob er sich fallen läßt oder nicht! Jeder sollte sich aber auf jeden Fall mal auf das Podest stellen, um das Gefühl der Höhe kennenzulernen.*

Vertrauenssprung

Ein Spieler springt in die offenen Arme seiner Mitspieler.

Das wichtigste Material ist ein 0,6-1,2 m hoher Tisch, ein Podest, ein Baumstumpf o.ä.. Ein Freiwilliger stellt sich auf das Podest. Alle anderen Spieler bilden zwei Reihen die sich gegenüberstehen, wobei die Spieler jeweils eng Schulter an Schulter stehen. Die beiden Reihen stehen ca. 60-80 cm weit auseinander.

Die erste Person (Person A) streckt seine Arme etwas angewinkelt nach vorn. Der Spieler in der Reihe gegenüber (Person B) streckt dann seinen linken Arm zwischen die Arme von A und den anderen Arm neben den linken Arm von A. Die Hände reichen jeweils bis zum Ellenbogen. Der Spieler C, der neben A steht streckt seinen rechten Arm zwischen die Arme von Spieler B und neben den linken Arm von A. Der linke Arm von C wird wieder neben den Armen von B ausgestreckt. So geht das durch die ganze Spielerreihe durch.

Der Freiwillige bestimmt selbst die Höhe des Podestes und die Entfernung zur Fängergruppe. Ist der Spieler bereit, so ruft er „Fertig!". Die Gruppe kontrolliert ob sie bereit und auch richtig ausgerichtet ist und ruft dann „Bereit!". Nach dieser Meldung ruft der oben stehende Spieler „Ich springe!" und springt in die ausgebreiteten Arme. Um die Fänger nicht zu verletzen, streckt er seine Arme weit nach oben.

Der Springer muß sich ganz ausgestreckt und steif halten. Auf jeden Fall sollte man die stärksten Spieler dort positionieren, wo der Hintern voraussichtlich landen wird.

Ort: *große freie Fläche*

Spielerzahl: *10-20*

Spieleralter: *ab 13 Jahre*

Material: *Tisch, Podest, Baumstumpf o.ä. (stabil, nicht verrückbar)*

Hinweise: *Man darf diese Vertrauensübung nicht in eine Mutprobe ausarten lassen; jeder Spieler muß freiwillig entscheiden! Jeder sollte sich aber auf das Podest stellen um das Gefühl kennenzulernen.*

Vertrauenslauf

Ein Spieler läuft mit verbundenen Augen durch eine - von seinen Mitspielern gebildete - Gasse.

Die Spieler stellen sich in zwei gleichlangen Reihen gegenüber auf. Zwischen den Reihen sollten circa 2-3 m Abstand sein und die Personen schauen sich gegenseitig an. Zwei oder sogar weitere Teilnehmer stellen sich an einem Ende dieser Gasse auf.

Ein Spieler stellt sich an das offene Ende der Gasse und bekommt die Augen verbunden. Dieser Spieler läuft dann blind - und mit hoher Geschwindigkeit - die Gasse entlang.

Damit der „Blinde" nicht vom Weg abkommt, halten alle Spieler Ihre Arme nach vorne gesteckt, um ihn eventuell umzudirigieren. Die beiden Spieler am Ende der Gasse setzen dem Lauf ein sanftes Ende.

Ort: *große freie Fläche*

Spielerzahl: *12-99*

Spieleralter: *ab 12 Jahre*

Material: *Augenbinde*

Hinweise: *Alle Spieler sollten Gelegenheit haben diesen Vertrauenslauf auszuprobieren. Wer möchte, kann es sogar mehrmals oder rückwärts versuchen! Dieses Spiel kann auch in der folgenden Variante gespielt werden, die dem Spiel etwas mehr Pepp gibt: Der „Blinde" steht circa 15-20 m vor einer Mauer und läuft geradewegs auf diese zu. Die anderen Mitspieler stehen an der Mauer, um den „Blinden" abzufangen. Auch an den Seiten der Mauer sollten einige Mitspieler stehen, da sich „Blinde" sehr leicht verirren.*

Weide im Wind

Die Spieler bilden einen engen Kreis. Einer steht in der Mitte und schwankt unterstützt von den anderen wie eine Weide im Wind.

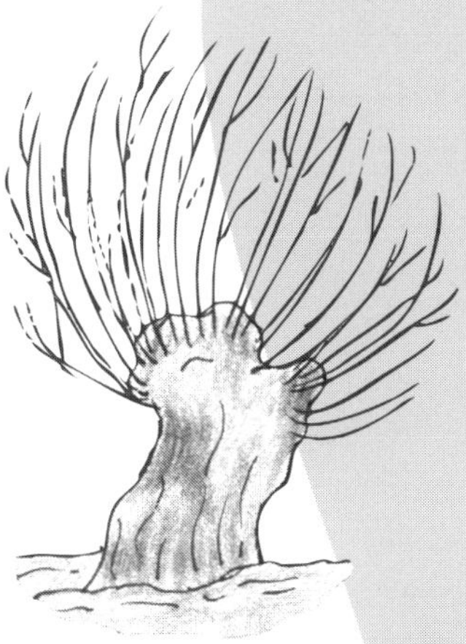

Version 1

Die Spieler bilden einen Kreis und stehen Schulter an Schulter. Ein Spieler steht in der Mitte, macht sich ganz steif, stellt die Füße dicht zusammen und schließt die Augen. Steif bleibend läßt er sich langsam in eine Richtung fallen. Bevor er sich weit vom Mittelpunkt entfernt hat, fangen ihn die Spieler vom Kreis mit ihren ausgestreckten Armen auf und schubsen ihn sanft in eine andere Richtung. Dies geht solange weiter, bis der Spieler in der Mitte sichtlich entspannt ist, dann kann man den Kreis langsam etwas vergrößern und den Spieler in der Mitte etwas weiter fallen lassen. Es ist wichtig, daß der fallende Spieler immer von mehreren Spielern aufgefangen wird, damit sein Gewicht gut verteilt ist. Jeder Spieler, der möchte, sollte Gelegenheit erhalten einmal „Weide im Wind" zu sein.

Version 2

Die Spieler setzen sich so hin, daß sie Hüfte an Hüfte eng zusammen sind und der Freiwillige in der Mitte steht. Die Kreisspieler stellen ihre Füße auf die Füße des Fallenden und arretieren ihn so in ihrer Mitte. Die Kreisspieler strecken ihre Hände nach oben, um den Fallenden damit abzufangen. Es ist ganz wichtig, daß die Hände immer oben gehalten werden und das der Fallende immer von mehreren Spielern aufgefangen wird.

Ort: *überall*

Spielerzahl: *8-15*

Spieleralter: *ab 12 Jahre*

Material: *keines*

Spielabenteuer „Im Tal der Monster"

Das hier vorgestellte Spielabenteuer kann entweder als selbstständige Spielkette oder als Teil einer längeren Kette gespielt werden.
Die eigentliche Spielgeschichte, die vom Spielleiter vorgetragen wird, ist im Text normal dargestellt. Die Spielerklärungen hingegen werden dünn dargestellt, so daß sie sich deutlich unterscheiden.

Der Schatz im Monstertal
Der Spielleiter erklärt den Spielern ihre Aufgabe:
„Ihr seid in der „Taverne zum Goldenen Drachen" und lauscht den Gesängen eines Barden. Dieser erzählt in seinen Liedern von längst vergessenen Schätzen und insbesondere vom Schatz im Tal der Monster. Als der Barde aufbrechen will, folgt ihr ihm und horcht ihn noch ein wenig aus.
Er verrät Euch, daß es das Tal der Monster wirklich gibt und schon viele versuchten, den Schatz zu erbeuten. Keiner kehrte jemals zurück, denn im Tal warten zahlreiche Gefahren und schreckliche Monster. Er beschreibt aber, auf Euer Drängen hin, den Weg zum Tal.

Ihr beschließt Euch auf die Suche nach dem Schatz zu machen. Um die Monster abzuschrecken, beschließt ihr euch ebenfalls „monstermäßig" zu verkleiden."

Die Spieler schminken und verkleiden sich gegenseitig, so daß sie gräßlich und monsterhaft aussehen.

Als erstes Monster wartet die „Siebengliedrige Hydra" auf die mutigen Abenteurer. Es wird gesagt, daß sie nur Wesen mit sieben Gliedern unbeschadet passieren läßt und alle anderen zum Frühstück verschlingt. Die einzige Chance besteht darin, die Hydra zu überlisten und ein siebengliedriges Wesen vorzutäuschen.

Die Gruppe hat die Aufgabe eine Strecke von 10 Metern zurückzulegen. Dabei dürfen aber zu jedem Zeitpunkt nur sieben Glieder (die Gliederzahl kann der Gruppengröße angepaßt werden!), d.h. Arme oder Beine den Boden berühren. Die Gruppe muß als Ganzes von der Start- zur Ziellinie gelangen und alle müssen körperlichen Kontakt zueinander halten.

Die Gliederzahl sollte ruhig sehr niedrig angesetzt werden!

Kaum haben die Gefährten die Hydra glücklich passiert, stehen Sie vor den seltsamen Fangkonstruktionen der „sechsäugigen Tarantula". Die Spinne baut keinen normalen Netze sondern spannt ihre Fäden abwechselnd in zwei verschiedenen Höhen auf. Wer die Spinnenfäden berührt, wird auf der Stelle für 15 Minuten blind. Da sich die Fäden nicht umgehen lassen, müssen die Kameraden sie unbeschadet passieren.

Im Wald werden zwischen Bäumen mindestens 20 Gummischnüre oder Kordeln gespannt und zwar entweder 0,3 m oder 1,2 m hoch. Die Zahl der hoch- oder niedriggespannten Schnüre sollte gleich sein.

Die Gruppe muß nun diesen Parcour durchlaufen, ohne die Schnüre zu berühren. Jeder Spieler legt vor dem Beginn fest, ob er alle Hindernisse über- oder unterqueren will. Die einmal getroffene Entscheidung darf nicht wieder revidiert werden!
Berührt ein Spieler eine Schnur, erblindet er und muß die nächsten fünfzehn Minuten mit verbundenen Augen weiterspielen.

Weil die Spieler zusammengehalten haben, ist es ihnen gelungen, den klebrigen Fäden der Tarantula zu entkommen. Doch bereits nach kurzem Marsch erwartet sie erneut größte Gefahr. Sie sind an die Grenzen des Landes der Sonderlinge gestoßen und dürfen nicht passieren. Es gelingt aber, nach zähen Verhandlungen die Sonderlinge zu überreden sie zu führen. Die Sonderlinge stellen dabei die folgenden Bedingungen:

- ***Die Gefährten werden mit verbundenen Augen in kleineren Gruppen durch das Gebiet geführt.***
- ***Die Gefährten dürfen sich während der Durchquerung nicht verbal untereinander verständigen.***
- ***Die Sonderlinge vermeiden jeden sprachlichen und körperlichen Kontakt zu den Gefährten.***

Jeder Bruch dieser Bedingungen, also sprachliche Verständigung oder ein „Spinksen" unter der Augenbinde führt automatisch zur Gefangennahme der Gruppe.

Dieses Spiel wird in zwei Gruppen gespielt. Die eine Gruppe umfaßt - je nach Gesamtspielerzahl - 2-5 Spieler und die andere alle anderen. Die kleine Gruppe sind die Sonderlinge und der Rest die Gefährten.

Die beiden Gruppen trennen sich für circa 15 Minuten. Bei jedem Team ist ein Spielleiter, der eventuelle Fragen beantwortet. Die „Gefährten" müssen klären, wie sie sich am besten verhalten, wenn sie in der Obhut der Führer sind und welche Mittel der „Kommunikation" ihnen bleiben, um Hinweise oder Botschaften weiterzugeben.

Inzwischen zeigt der Spielleiter den Sonderlingen den Pfad, den sie mit den Gefährten beschreiten sollen. Das heißt es wird festgelegt, welche Hindernisse in welcher Weise überwunden, unterkrochen, umgangen oder auf andere Art und Weise passiert werden sollen. Die Gefährten dürfen den Pfad dabei natürlich nicht sehen. Das Ziel sollte ein möglichst interessanter Ort sein, der in irgendeiner Form in die Spielgeschichte paßt.
Die Führer müssen anschließend noch beraten, mit welchen Mitteln sie ihre Gäste führen und auf Gefahren aufmerksam machen wollen. Sprache und körperliche Berührung sind ausgeschlossen. Es bleiben vor allem Geräusche und vielleicht Berührungen mit Gegenständen wie Stöcken. Der Spielleiter sollte sich so weit wie möglich zurückhalten, damit ein eigenes System gefunden wird.

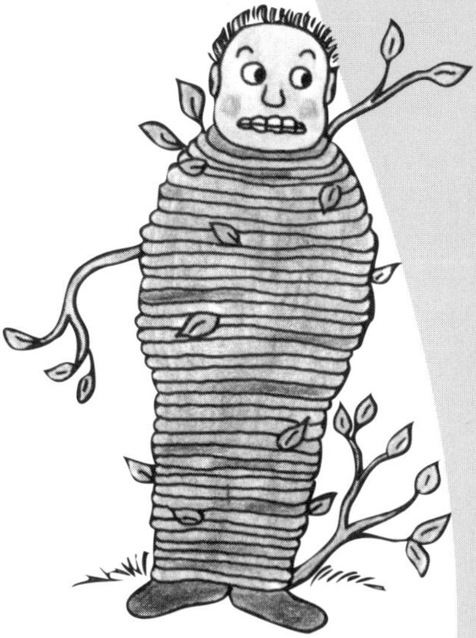

Nach der Beratungszeit treffen sich alle, und die Gefährten teilen sich in Kleingruppen auf, so daß jeweils circa 5 Gefährten von einem Sonderling geführt werden. Die Gefährten bekommen die Augen verbunden, und die Sonderlinge führen sie in kurzem Abstand den Pfad entlang.
Sobald die eigentliche Führung beginnt, muß noch einmal darauf hingewiesen werden, daß nicht gesprochen werden darf und daß ein Verstoß gegen die Regeln sofort zum Spielabbruch führt.

Haben die Abenteurer auch diese Prüfung überstanden, haben sie es fast geschafft. Sie sind beim Versteck des Schatzes angekommen und müssen nur noch den „Blinden Waldschrat" überlisten, der den Schatz bewacht.
Der Schatzwächter sitzt hinter dem Schatz (Überraschungseier eignen sich sehr gut!) und bewacht ihn wie ein Vogel sein Nest. Obwohl er nichts sieht, verfügt er über ein ausgeprägtes Gehör

und gute Orientierung. Die einzige Chance besteht darin, sich an ihn heranzuschleichen und die Eier zu klauen.

Der Spielleiter ernennt einen zuverlässigen Spieler zum Schatzwächter, der sich mit verbundenen Augen auf den Boden setzt. Vor ihm liegt der Schatz. Alle Spieler stellen sich circa zehn Meter vor ihm auf.

Die Spieler müssen sich anschleichen, um ein Ei zu stehlen. Der Schatzwächter lauscht angestrengt in alle Richtungen und zeigt mit dem ausgestrecktem Arm in die Richtung, wo er ein Geräusch gehört hat. Sobald ein Spieler entdeckt wird versteinert dieser sofort und scheidet aus.

Es ist dem Schatzwächter nicht erlaubt, wild um sich zu zeigen und die Spieler dürfen sich nicht von hinten anschleichen. Der Spielleiter sollte die Einhaltung der Regeln überwachen. Wichtig ist auch hier, daß nicht gesprochen wird! Wird jemand entdeckt, erhält dieser vom Spielleiter ein Zeichen, daß er sich nicht mehr bewegen darf und mucksmäuschenstill bleiben muß.

Im Sommer kann man dem Schatzwächter auch eine Spritzpistole als Waffe geben. Wer vom Wasserstrahl getroffen wird versteinert.
Das Spiel geht solange weiter, bis entweder der ganze Schatz gestohlen wurde oder alle Spieler versteinert sind.

Nun ist das Abenteuer bestanden und der Schatz gewonnen!

Viel Spaß im „Tal der Monster"!

Alphabetisches Verzeichnis der Spiele

Spielebücher im praktischen Hosentaschenformat (9 x 14 cm)

Publikationen aus dem rex verlag

Binz/Raetzo-Brülhart/Brülhart
Ciao, Spielend kennen lernen

978-3-7252-0703-9

Einander kennen lernen ist das A und O erfolgreicher Gruppenarbeit und Partnerschaft.

Bläuer, Jürg Tinto
wow, Echt tierische Spiele

978-3-7252-0753-4

Tierisches Vergnügen mit Spielen, in der Schule erprobt vom Schweizerischen Tierschutz.

Cadonau/Bläuer
Salto, Zirkusspiele für Gross und Klein

978-3-7252-0714-5

Hier wird der Kindergarten zur Manege, die Schule zum bunten Zirkuszelt.

Kaderli/Lehner
Yeti, Spontane Gruppenspiele mit Schnee

978-3-7252-0691-9

Ein Sack voller Ideen mit einfachen Erläuterungen für erprobte Spiele.

Kaderli/Bertschy
Subito, Spontane Gruppenspiele mit k(l)einem Material

978-3-7252-0683-4

Unser beliebter Klassiker, bereits in 6. Auflage!

Käser/Musy/Rolli
Avanti-Games, Spiele mit grossen Gruppen

978-3-7252-0721-3

Über 100 Spielideen für 20 bis 100 Kinder: Mannschaftsspiele, Kurzspiele, Stafetten, Games und Spiele für wilde Spieltrupps.

Käser/Musy/Rolli
night fever, *Gesellschaftsspiele in Gruppen*

978-3-7252-0733-6

Neue und bekannte Spiele vor allem mit Spielkarten und Würfeln. Witzige Rätselspiele und -geschichten runden dieses Angebot ab.

Lehner, Patrik
Bike-Games, *Spiele mit und auf dem Rad*

978-3-7252-0692-6

Fahrräder als ideale Spielgeräte: Geschicklichkeitsfahren, Fahrtechnik, Fangspiele…

Lehner, Patrik
tutti, *Kurzspiele mit Alltagsmaterial*

978-3-7252-0732-9

Fast «tutti» kann zum Spielen verwendet werden: Besen, Bierdeckel, Ballons, Schachteln, Zeitungen, Wäscheklammern usw.

Lehner, Patrik
Spielball, *mit grossen und kleinen Gruppen*

978-3-7252-0822-7

Mit Bällen werfen, fangen, zielen, kicken, balancieren …

Lehner, Patrik
bäumig!, *Waldspiele kreuz und quer*

978-3-7252-0729-9

Der Wald ist ein idealer Ort für sinnliche Spielformen, für Versteck- und spezielle Mannschaftsspiele.

Rolli/Völkening
mundo, *Spiele aus aller Welt*

978-3-7252-0741-1

Spiele aus Afrika, Asien, Amerika oder europäischen Ländern: Lustiges und Überraschendes aus aller Welt!

Völkening, Martin
Rundum, *Kurzspiele im Kreis*

978-3-7252-0722-0

Eine Gruppe Kinder oder Jugendliche findet sich im Kreis. Lustvolles, engagiertes, ernsthaftes Spielen ist angesagt.

Spielereihe „Meine stärksten…“

Völkening, Martin
Meine stärksten Actionspiele

Spiel und Spass mit viel Bewegung
978-3-7252-0805-0

Durch Rennen, Austoben, Fangen, Werfen usw. wird die Lust auf Bewegung befriedigt und als gemeinsame Aktion in einer Gruppe viel Spass beim Spiel erlebt.

Die Reihe «meine stärksten...» im Format A5 präsentiert jeweils auf 80 Seiten Gruppenspiele für Schule und Jugendarbeit – aus der Praxis für die Praxis.

Geiser, Lukas/Kummer, Annie
Meine stärksten Gruppenspiele

in Kursen, Schule und Jugendarbeit
ISBN 3-7252-0765-8

Icebreaker, die Gruppen zusammenführen; Tanzspiele für die Körperwahrnehmung; Musik- und Rhythmusspiele, die die Konzentration fördern; Entspannungs- und Theaterspiele zur Anregung der Fantasie; Bodygames zum Erspüren des Gegenübers; Kommunikationsspiele zur Reflexion, und Aktivierungsspiele für den motivierenden Kick.

Bassani/Marxer
Meine stärksten Aktivierungsspiele

Kennenlernen, Vertrauen, Reflexion
978-3-7252-0806-7

Spielen ist eine urmenschliche Tätigkeit und fördert individuelle Fähigkeiten, stärkt den Teamgeist und bildet Sozialkompetenzen. Kurz gesagt, Spielen ist eine vielfältige Herausforderung und macht Spass!

Völkening, Martin
Meine stärksten Entspannungsspiele

Spielesammlung zum Entspannen in Gruppen
ISBN 3-7252-0777-1

Eine Fülle von Spielen mit entspannendem Charakter für Kinder, Jugendliche und Erwachsene. Sie erfordern keine speziellen Kenntnisse vom Spielleiter und sind ohne bzw. mit sehr wenig Material durchführbar.

Bassani, Steffen
Meine stärksten Freizeitspiele

Abenteuer, Action, Kooperation
978-3-7252-0754-1

Bewegungsspiele, welche von der Gruppe Kooperation erfordern, Action bringen und einfach Spass machen!